واحة الحكايات للنشر والتوزيع
الإمارات العربية المتحدة
Wahat Alhekayat publishing
and distribution
UAE: 0097143336366
00971504599804
00971558236687
Email: w.hekayat@gmail.com
www.wahatalhekayat.com
ماذا أرى
تأليف: صفاء عزمي
رسوم: ناتاليا
ISBN 9789948154662
الطبعة الخامسة عام 2022

ماذا أرى؟!

تأليف: صفاء عزمي

رسوم: ناتاليا

ما هَذا ؟! ماذا أرى ؟!

4

5

ما هَذا ؟! ماذا أرى ؟!

هذا ظَهْرُ دَيْناصور.

ما هَذا ؟! ماذا أرى ؟!

هذا رَأْسُ دَيْناصور.

ما هَذا ؟! ماذا أرى ؟!

أرى دَيْناصور.

إنَّهُ هُناكَ...

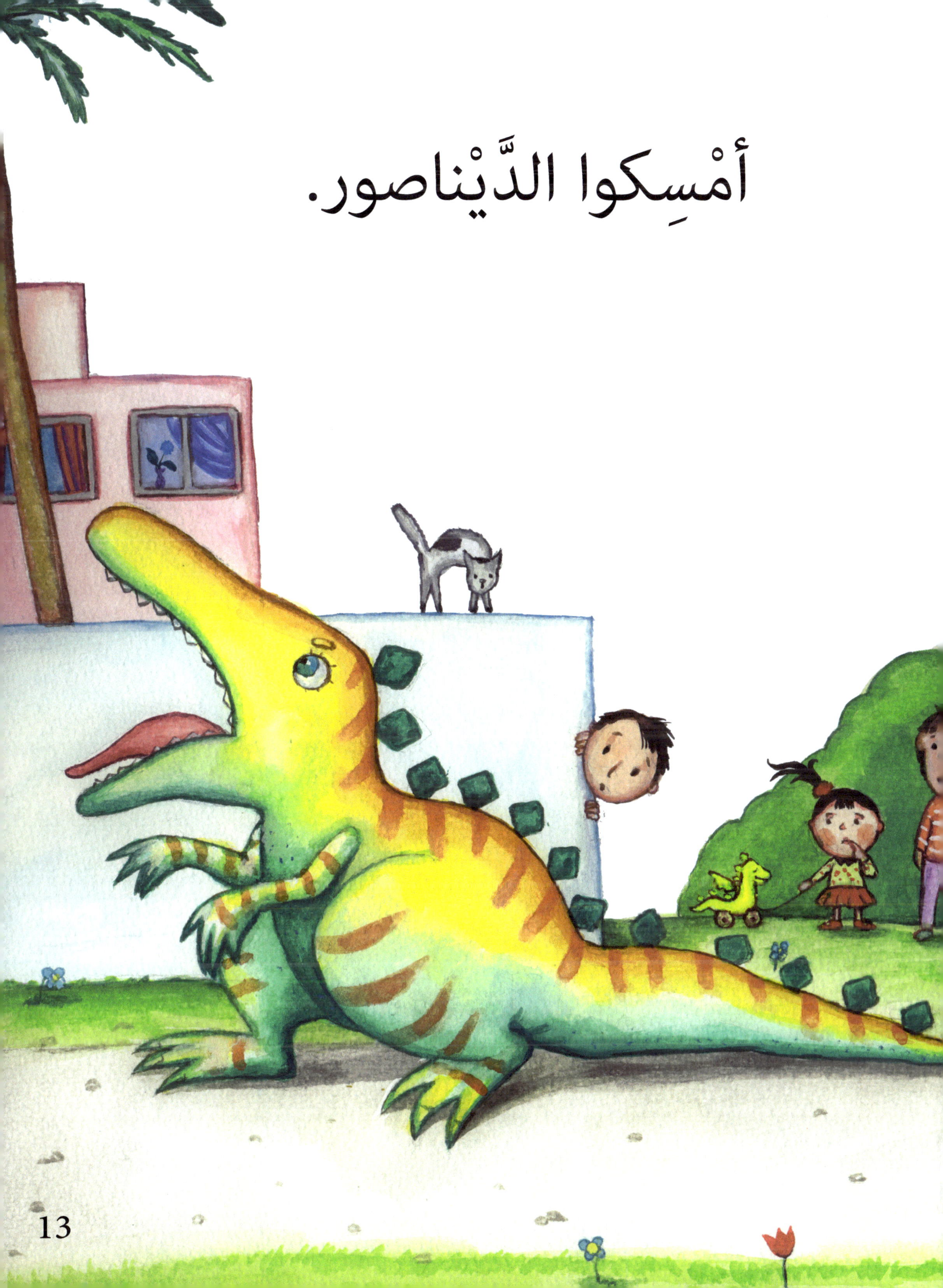

أَمْسِكوا الدَّيْناصور.

14

15

1	ما إنَّ (إنَّهُ)
2	هَـذا أرى هُنا
3	ذَيْلُ ظَهْرُ رَأسُ أَلَـمْ
4	ماذا هُنـاكَ

	5
نَسْمَعُ	
تَسْمَعُ (تَسْمَعُوا)	
أَمْسِك (أَمْسِكوا)	

	6
لِماذا تَخْتَبِئُ	
دَيْناصور	

القصـص في المرحلـة الأولـى تتكـون مـن عـدد مـحدد مـن الكلمـات البسيطـة في القـراءة والنطـق، في القصـص ربـط مباشـر بيـن الصـور والكلمـات، وفي كل صفحـة جملـة واحـدة، الكلمـات بسيطة ومكـررة، والصـور واضحـة ومعبرة، وفكـرة القصـة تتيـح المشـاركة والنقـاش في جـو مـن السعـادة.

قبـل القـراءة: نقـرأ العنـوان ونتحـدث عـن صـورة الغـلاف، نفتـح الكتـاب، وننـظـر إلى الصـور، ونثير عـدة ملاحظـات وتعليقـات، علـى الصـور، والشخصيات، وتعبيرات الوجـه، والأمـاكن، والملابـس، مما يـولد لـدى الطفـل الفضـول والاهتـمام بالقصة.

أثنـاء القـراءة: بعـض الأطفـال يحب أن يبـدأ القـراءة، وبعضهـم يحب الاستـماع، وفي الحالتين يجب أن نشجع الطفـل، فمـن المهـم أن يتولـد لديـه الاهتمام وحـب القـراءة.

في حالـة الاستماع للطفـل الـذي يحب القـراءة بنفسه: عندمـا يبـدأ الطفـل القـراءة، يجب أن نسـاعده بالإشـارة و نطق الحـرف الأول مـن الكلمـات الصعبة إذا احتـاج لذلك، حتى لا يفقد حمـاسته.

في حالـة القـراءة للطفـل الـذي يحب الاستماع: أثنـاء قيامنـا بالقـراءة يجب أن نشجع الطفـل علـى المشـاركة في قراءة الكلمـات البسيطة، ونساعده بالإشـارة إلى الحـرف الأول، فهـذا يسـاعد علـى جـذب نظـر الطفـل إلى الكلمـة ومن ثَـمَّ يحـاول قراءتـها تدريجيـا، وفي كلتـا الحالتـين، فإن الإشـارة إلى الصـورة في الوقـت المناسب تساعد علـى تأكيـد المعنـى، وتخطـي صعوبـات النطـق والقـراءة.

أفكـارٌ للأسـرة والـمعلِّـمِ

بعض القصص فيها مجال للغناء والتمثيل، فيجب أن نستغل هذه الفرصة فنستعمل النغمات والإشارات للاستمتاع والتكرار. ويجب أن لا ننسى أن نشجع الطفل طوال الوقت.

بعد إكمال قراءة قصص المرحلة الأولى : نعود إلى المفردات في نهاية كل قصة ونساعد الطفل على قراءة المفردات مستعينين ببعض الأساليب السابقة، وقد قمت بجمع مفردات القصة وتقسيمها إلى ست مجموعات تبعا لعدد الحروف:

المجموعة 1 : كلمات من حرفين

المجموعة 2 : كلمات من ثلاثة أحرف منها حرف مدّ.

المجموعة 3 : كلمات من ثلاثة أحرف.

المجموعة 4 : كلمات من أربعة أحرف منها حرف مدّ.

المجموعة 5 : كلمات من أربعة أحرف.

المجموعة 6 : كلمات من خمسة أحرف أو أكثر.

في المجموعة السادسة نشير إلى الكلمة ونقرأها ثم نطلب من الصغير أن يشير ويردّد وراءنا .

ملاحظات للمعلم: قُمت باختيار بعض الكلمات ووضعتها بين قوسين مثال: (لعبَت)
ثم وضعت الكلمة الأصلية خارج القوسين مثال: لعبَ (لعبَت)، مع الاحتفاظ بتشكيلها الأصلي
مثال: حماسٍ (بحماسٍ) وقد اخترت هذه الكلمات كالتالي:

1 - الكلمات التي تبدأ ب (ال) القمرية، الكلمات التي تنتهي بحرف مُنوّن، والكلمات التي تشتمل على (حرف جر، تاء التأنيث ، ضمير . . . .) بشرط ألا يتغير تشكيل هذه الكلمات بعد تجريدها.

2 - الكلمات التي تبدأ بـ (ال) الشمسية.

ما عدا ذلك فقد وَضَعت الكلمات كما وردتْ في القصة في المجموعة المناسبة تبعًا لعدد الحروف.

صفاء:عزمي